暗示で心と体を癒しなさい!

不安・緊張・悩みが消える

エミール・クーエ［著］

神経内科医
林 泰［監修］

林 陽［訳］

1日2回のクーエ・メソッド
- 薬を使わず
- 自分でできる
- 精神療法

かんき出版

本書は"Self-Mastery Through Conscious Auto-Suggestion, Emile Coue, Allen & Unwin, London, 1922"を邦訳したものです。

監修者まえがき◉人生プラス思考が一番！

本書『暗示で心と体を癒しなさい！』にはなるほどと納得した記載が随所にありました。プラス思考で行動することの大切さを示しているように思います。

自分はこの様な人生設計をしていこう、自分は健康だ、自分は幸せだと考えることはその人の人生によい結果を導くというのです。

私は1982年から東京で内科を開業しています。診察した後に患者さんに新しく処方をするときには、渡す薬を見せながら効能効果、副作用を説明していますが、単に薬を窓口で渡すだけのときに比べて明らかに薬の効き方がよいということを実感しています。このことは本書にも記載されているので吃驚(きっきょう)しました。

人生をプラス思考で生きているとよい結果が導かれるというのも、自分の半生を顧みてなるほどと思い当たる点がありました。私は中学生の頃から医師になりたいと希望を持っていましたし、大学病院に勤務していたとき

に学位論文として終夜睡眠の研究を完成させたい、開業したい、色々な本を出版したいなどとその時々に念願していましたが、念願するたびに叶えられてきたような印象を持っています。

いまになって思い返しますと、予備校生時代に落ち込んで代々木ゼミナールの高宮行雄理事長に相談に行ったとき、終夜睡眠研究で行き詰まって東京都精神研究所の遠藤四郎先生に相談に行ったときなど、エミール・クーエ氏が言われるような明るい未来を示してくれたのです。

そのたびに、勇気と元気をいっぱいいただいて帰り、偉大な教育者は褒め上手だと思っていました。

エミール・クーエ氏は19世紀半ばから20世紀初めにかけて活躍された方です。

「夢遊病者が夜中に眠ったまま起きあがり、部屋を離れ、階段を下り、廊下を歩き、何かを成し遂げて部屋に戻り再び眠りにつく」とか、「アルコール依存症患者が凶器を手にとって近くの人に襲いかかる」という、医学的に問題がありそうな記載も数カ所はありますが、自己暗示・プラス思考で願うことで人生も良い方に変えること

監修者まえがき

ができるし、病気の予防・治療にも繋がるという考えは現在にも十分に通じるところがあると思います。

　この本は自分の心の持ち方によって人生は変えることができるという人生訓にもなっているのではないでしょうか。毎日寝る前、起きたときに自分は幸せ、自分は健康、今日も１日頑張りましょう、たとえ一日一善でも世のため、人のためになることをしたいですと唱えましょう。

2009年1月
医療法人社団三喜会　林　泰

訳者まえがき ● 自己暗示は癒しの最高の薬

　現代は心の病む時代です。そこから心身症にかかる人が増えています。人体を物質の塊とする考えはもはや過去のものとなり、心の状態との関係で病とその治療を考えるべき時代に入っています。医師と患者双方にこの認識が求められています。

　心が病めば体も病みます。心身の調和の乱れが習慣化し、誤った生活習慣が各種の病名で知られる症状を現します。心身症を治す薬はありません。心を癒す薬が何より求められています。

　エミール・クーエはその心の妙薬を発見したフランスの著名な薬剤師であり、当時協力する医師とともに各地にクリニックを開設して、彼の発見した意識的自己暗示により、信じがたい数の心身症を治癒させました。

　彼の手法は、不安を伴う催眠術に頼らず、病根といえる潜在意識に催眠以上の暗示効果を与えてリメイクできること、その方法がきわめてシンプルであることが特徴

訳者まえがき

です。それはクライアントに心身の健康を得させ、ポジティブで可能性豊かな新しい人生を開かせるものです。いじめ、不登校、家庭内暴力など、社会をむしばむ深刻な病にも極めて有効であることが確かめられています。

エミール・クーエは、いまで言う「自己催眠（暗示療法）」の創始者として世界に知られています。

1882年から1910年まで薬局を経営する中で、彼は現代のセルフ・ヒーリング運動に直結する重要な発見をします。

丁寧に説明し効能をたたえて手渡す場合と、無言で手渡す場合とで、薬の効能が著しく違ってくることをまず知ります。暗示にかかった患者が想像作用で薬の効能を高めたことは明らかでした（プラシーボ効果）。

これがきっかけになり、患者の治癒を高める方法を追求すべく、暗示と想像力の研究に入り、これに数年の歳月を費やしました。

クーエは、暗示をかけるのに催眠術を使いましたが、
①本人の意に反して催眠をかけられない
②覚醒後に暗示効果が薄れる
の2点を発見してから、催眠術を捨てて、覚醒中に行

う「意識的自己暗示」に切り替えます。
「自己暗示は誰でも生まれつき持っている能力あるいは道具である。それは無意識にでたらめに使っていると、本人を傷つけるばかりか、死に追いやることさえある危険な道具でもある。しかし、意識して扱う方法を心得れば、救命道具ともなる」
「意識的自己暗示」の意味がここにあります。
　クーエの提唱する意識的自己暗示は、
　①患者を暗示に対して感度良好にする予備実験
　②患者の覚醒中に術者(医師)が植えつける暗示
　③患者が家で行う毎日の意識的自己暗示
の３段階からなっています。
　①で術者の指示に患者は従順になり、暗示を素直に吸収する下地ができあがります。
　②はかなり長い暗示で、物心両面から生活全体を改善する細かな指針でなっています。これは誤った自己暗示で作りだしてきた悪習慣を、新しい習慣に置き換えるためのものです。
　③では、毎朝起床後と毎晩就寝前に「私は毎日あらゆ

訳者まえがき

る面でますますよくなっている」という決まり言葉を連続的に20回以上唱えます。

これはいまセルフヘルプの世界で広く使われている「アファメーション」（願望を実現させるために自分に対して繰り返す言葉）の走りですが、この一般的アファメーションに誰にも必要なすべてが含まれていると彼は説明しています。

「無意識はすべてを心得ているので細かい指示を要しない」というのがその理由です。

クーエがナンシー（フランス・パリ東部）に無料で開設したクリニックでは、この新しい方法により、93パーセント（他の病院の約5倍）という驚異的な治癒率を達成しました。

治癒した病は腎臓障害、糖尿病、記憶障害、どもり、虚弱、萎縮、各種腫瘍、リウマチ、慢性気管支炎、静脈瘤、頭痛、夜尿症など、ありとあらゆる身体的、精神的病気を含みます。

かくて、クーエの名はヨーロッパ中に知られることになり、イギリス、アメリカにもつぎつぎに無料クリニッ

クが開設されました。

　クーエの手法を術者なしに応用するには、暗示文（074ページ参照）をテープに吹き込み、リラックスした状態で流すとよいでしょう。寝る前が有効です。

「私は毎日あらゆる面でますますよくなっている」というアファーメーションを20回以上、数珠を手繰（たぐ）りながら、淡々と唱えて眠りにつきます。

　症状に合わせた特殊なアファーメーションも使えます。
「不眠症の人は、『眠れない』を連発して眠ろうとすればますます眠れなくなる。意志の努力を少しも差し挟まずに、『眠ります。眠ります』と静かに淡々と唱えるだけで、その催眠効果がすぐに感じ取れる」
「神経質で臆病で自信のない人は『私は神経質ではありません。自信に満ちています。すべて順調です』と反対の暗示をかける。怒りっぽい人は『私は穏やかです』とつぶやくだけでその効果に驚く」

　意志の努力せずに、心をニュートラルにして、淡々と暗示の文句を唱えるのがコツです。とらわれない平常心の中で、潜在意識に静かに声を響かせます。

訳者まえがき

　私たちは毎日、知らないうちに自己暗示をかけているものです。病気の人は、いつも「具合が悪い」と呪文のようにつぶやいていますが、無数に繰り返されるその自己暗示の通りに心も体も反応するので、いつまでたっても治りません。治る可能性を自分で閉ざしているのです。

　うつ病の人は決まって、「私はうつ病です。薬がないと治りません」と自分にも人にもたえず同じ言葉を繰り返して、否定的な自己暗示をかけています。これではいつまでたっても治りませんし、薬漬けから逃れられません。

　仕事がうまくいかない人は、「だめだ」と一日中否定的な呪文を繰り返して、自分で自分を「だめ」な人に確定しています。この状態では前向きになれず、打開するためのインスピレーションも得られません。
「だめ」、「できない」、「無理」という言葉はやがて、「どうでもいい」、「死にたい」という言葉に置き換わり、ますます八方ふさがりになります。

　この流れを反転させるには、「逆のことをする」しかありません。打ち消す文句を肯定する文句にして、潜在意識に毎日植えつけるのです。

「楽をして成功したい」と思う人は願ってもない方法がここにあります。「自分は怠惰だから」と弁解するより、クーエが編み出した怠け者のための妙薬を試してみましょう。

　潜在意識は私たちが何の努力をしなくても、無数の細胞を毎日創造しては古いものと入れ替え、体を生かし続けています。また、私たちは努力しなくても無意識のうちに習慣を作り、人生をかたどっています。人生を創造しているものも潜在意識なのです。

　逆に考えれば、潜在意識のこの驚異的な作用を利用すれば、努力せずに人生を好転させることが可能です。それがクーエの方法です。

　クーエは晩年にアメリカに2度渡り、東部と西部で講演旅行をしました。百科事典の説明によれば、アメリカではクーエの庶民的手法はフロイト派に猛反対されて、あまり根付かずに終わったそうです。

　しかし、実際にはアメリカの軍部は彼の手法を大衆コントロールに利用してきたのですから、アメリカ政府はこの秘密兵器が庶民の手に渡るのを好まなかったのではないかと私は個人的に思っています。

訳者まえがき

　他方、宗教界ではポジティブシンキング運動の指導者らが、ビジネス世界の大物もクーエの方法を積極的に採用して、大きな成功をおさめています。
「潜在意識はいいことでも悪いことでも、言われたことを何でも吸収し現実化する」。この原則が、クーエ以後に出てきた多くのマインドコントロールの要(かなめ)になっています。同じものを良い方に使えば癒しや人間形成に役立ち、悪用すれば大衆操作や殺人マシーンなどの人間兵器を養成することも可能なのです。
　クーエの手法が彼の在世中に大成功したのには、彼と協力する医師たちが無料のクリニックを開いたことも、大きな要因だったのではないかと思われます。利益を度外視して人類救済のためにエネルギーを集中する、その高尚な理念が奇跡を起こしたのではないかと思うのです。
　それはいまも可能です。よい意味でこの手法を広め、精神的にも肉体的にも病める現代を癒すために貢献したいものです。

2009年1月

林　陽

もくじ

監修者まえがき ……………………………………… 003
訳者まえがき ………………………………………… 006
序文　自己暗示には想像を絶する力がある ……… 016
1　無意識が行動をコントロールする ……………… 019
2　想像力はすべてを現実化する …………………… 025
3　自己暗示ですべてが変わる ……………………… 035
4　自己暗示で思い通りの人生を …………………… 041
5　すぐに効果がでる自己暗示の方法 ……………… 055
　　実験1　ウォーミングアップ ………………………… 058
　　実験2　体を後ろに倒す …………………………… 060
　　実験3　体を前に倒す ……………………………… 064
　　実験4　組んだ手をほどけない …………………… 066

6 心と体を癒やす暗示法 ················· 071
　　暗示の方法 ································ 074

7 クーエ・メソッドの優れた面 ············ 085

8 自己暗示による治癒のメカニズム ········ 093

9 非行少年の治療法 ······················· 099

10 自己暗示による治癒例 ·················· 107
　　結論 ···································· 124

11 あなたを導くクーエの教え ·············· 125
　　エミール・クーエ、患者の疑問に答える ········ 127
　　人生が豊かになるクーエの言葉 ············ 131

12 よい子を育てる母親の自己暗示 ·········· 141

13 エミール・クーエ略伝 ·················· 151

序文　自己暗示には想像を絶する力がある

　暗示——正確には自己暗示——は新しくも古いテーマです。
　新しいというのは、いままで誤って研究されてきたために、誤って理解されてきたからです。
　古いというのは、人類が発祥以来使っているものだからです。

　事実、自己暗示は人間が生まれながらにもつ道具であり、この道具——道具というより力——の中に、計り知れない可能性が潜んでいるのです。
　それは、状況に応じて、最善の結果も最悪の結果も生み出します。

　この力を知ることは誰にとっても有益ですが、医師、官吏(かんり)、法律家、教育従事者には特に欠かせません。
　それを意識して行う方法を知ることにより、つぎ

のことが可能になります。

①不幸な結果を生む、悪い自己暗示が起きるのを阻止できる

②意識的によい自己暗示をかけることが可能になる

　それによって、病人には体の健康を、誤った自己暗示を使って精神的被害を受けている人には心の健康をもたらし、誤った暗示を使う傾向のある人を正しい道に引き戻すことができます。

エミール・クーエ

- カバーデザイン:松本　桂
- カバーイラスト:平松尚樹
- 編集協力:株式会社レクスプレス

I

無意識が行動をコントロールする

1 無意識が行動をコントロールする

　暗示——より正しくは自己暗示——の現象を正しく理解しようとすれば、まったく異なる2つの「自己」の存在を私たちの中に認めなければなりません。

　2つの自己のどちらにも知性があります。1つは「意識」の知性で、もう1つは「無意識」の知性です。

　このため、後者「無意識」の存在には気づかないことが多いのですが、ある現象を調べ、少し考えるだけで、その存在を簡単に説明することができます。

つぎの例を考えてみましょう。

誰でも夢遊病について聞いたことがあるはずです。

　夢遊病者は、夜中に眠ったまま起き上がり、着替えをし（着替えないこともあります）、部屋を離れ、階段を降り、廊下を歩き、何かを遂げて部屋に戻り、再び眠りに就きます。

　夢遊病者は翌朝、前の晩に自分のしていなかったことが行われているのを見て、とても驚きますが、

それは意識せずに自分が行ったことです。彼にそうさせたのは、「無意識の力」、「無意識の自分」にほかなりません。

頻繁に精神錯乱状態に陥るアルコール依存症のケースを調べてみましょう。

アルコール依存症患者は、狂ったようにナイフ、ハンマー、斧などの身近な凶器を手に取り、運悪くその近くにいた人に襲いかかります。

それがすむと、意識を取り戻して、目の前の惨劇にショックを受けますが、自分がしたことを自覚していません。

彼をこのようにさせたのは、「無意識の自分」以外に何が考えられるでしょうか。

意識と無意識とを比較してみると、意識的な自己の記憶はかなりあいまいであることがたびたびです。

それに対して、無意識の自己はどんな些細な出来

1 無意識が行動をコントロールする

事も、取るに足らぬ行動も、知らないうちに記憶に刻み込む、非の打ちどころのない記憶力をもっていることがわかります。

　さらに、無意識は信じやすく、言われたことを素直に受け入れます。

　無意識は脳を介することなく、体内諸器官の働きに直結するので、正反対の結果も生み出します。
　つまり、ある器官がよく働いている、あるいはうまく働いていない無意識が信じ、その印象を強く感じるなら、その器官は実際に良くも悪くもなり、そう感じられてくるということです。

　無意識の自己は、器官の働きだけではなく、人間のどんな行動も司っています。
「想像力」と呼ばれているものがそれです。
　従来の見方とは異なり、人をつねに行動に駆り立

ているのは想像力であり、とりわけ意志と想像の2つの力が拮抗するときには、想像力が意志に逆らって人を行動に駆り立てます。

2

想像力はすべてを現実化する

2 想像力はすべてを現実化する

　辞書を開いて、「意志」という言葉を引くと、「特定の行為を自由に決める能力」という定義が書かれています。

　この定義は不動の真理のように受け止められていますが、これほどの嘘もありません。

　この誇り高き意志はつねに想像に従属しているのです。このルールは絶対であり、例外はありません。

「ふざけないでください。逆です」と言われるかもしれません。しかし、「とんでもない、逆こそ純然たる真実です」と私は言いましょう。

　目を開いて周囲を見渡し、自分の見るものを理解するだけで、それが確かめられます。

　そうすれば、私の言うことが机上の空論や病的思考の産物ではなく、事実の表明にすぎないことがわかるでしょう。

幅30センチ、長さ10メートルの板を地面に置いたと考えてください。
　誰でも板を踏み外さずに、端から端まで渡れるはずです。

　しかし、今度は条件を変えて、この板が大聖堂の2つの尖塔の天辺(てっぺん)に渡されていると考えましょう。
　たった1メートルでもこの幅の狭い板を歩ける人がいるでしょうか。

　私の言わんとする意味がおわかりですか。
　恐らく渡れる人はいないと思います。
　2歩進む前に足がすくみ、どんなに意志を使って渡ろうとしても、地上に落下します。

　地表に置いたときには踏み外さないのに、同じ板を高い所に渡したときには、なぜ落ちるのでしょう。
　最初のケースでは、向こうの端までいくのは簡単

2 想像力はすべてを現実化する

だと想像しているのに対し、後者のケースでは「できない」と想像しているからです。

意志には進ませる力がないことに注意してください。「できない」と想像するなら、本当にできなくなるのです。トビ職がこの離れ業をやってのけられるとすれば、「できる」と彼らが思っているからです。

めまいは自分が落ちる姿を思い描くことによって生じます。意志をどれほど働かせても、思い描いたイメージはすぐに現実化します。

何かをしなくてはいけないと思えば思うほど、望むこととは正反対の結果が出てしまうのです。

つぎに、不眠で悩んでいる人のことを考えてみましょう。

人は眠ろうと努力しなければすぐに寝静まります。
それとは逆に、意志を働かせて無理に眠ろうとす

ればするほど、ますます眠れなくなります。

「忘れた」人の名前を思い出そうとすればするほど、ますます思い出せなくなるという経験は誰にでもあるでしょう。
「忘れた」という思いを「１分で思い出す」という思いに差し替えれば、自然にその人の名前が出てきます。

　自転車を習い始めたときのことを思い出してください。
　あなたはハンドルを握りしめて、倒れないかと恐れながら、自転車をこぎます。
　不意に道路に障害物を見つけて、避けようとします。
　ところが、避けようとすればするほど、ますますそれに向かってしまいます。

2 想像力はすべてを現実化する

　また、こらえようとすればするほど、ますます笑いが込み上げてくる経験をした人もいるでしょう。

　ここに挙げた人々はどのような心理状態を経験しているのでしょうか。それはつぎのようになります。

「落ちたくないのに落ちてしまう」
「眠ろうとしても眠れない」
「障害物を避けようとしても避けられない」
「笑いを止めようとしても止められない」

　おわかりのように、どの葛藤においても、つねに「想像」が「意志」に勝っているのであり、これには例外がありません。

　部隊の指揮官が先頭に駆け出して、「めいめい自分で行動しろ！」と叫んで隊を率い、敗北を喫してしまう指揮官にも同じことが言えます。

なぜそうなるのでしょう。隊員は第1に、前進しなければならないと想像し、第2に、負けて命からがら逃げなければならないと想像してしまうからです。

　パニュルジュ（訳注：ラブレーの作品『パンタグリュエル物語』に出てくる登場人物）はある特定の事例に影響されること、つまり想像力の作用をよく知っていたと思われます。
　船に乗り合わせた商人に仕返しをしようと、彼は一番大きな羊を一頭だけ買い、海に放り込みました。
　ほかの羊全部が見倣うのを確信していたわけで、案の定その通りになりました。

　人間はある意味で羊に似ています。
　ほかに選ぶ余地がないと思い込み、無意識に他人を見倣ってしまうものです。

2 想像力はすべてを現実化する

　ほかにも沢山の例を引用できますが、そのようなことをしても読者をうんざりさせるだけです。
　しかし、想像の力、言い換えれば意志と戦う無意識には、計り知れない力があるとだけ言っておきましょう。

　大酒飲みの人は酒をいくら断ちたいと願ってもできません。
　彼に理由を聞けば、「酒を飲まずにいたい、酒を嫌いになりたいと心から願うけれども、どんなにそれが体に悪いと思っていても、意に反して酒を飲んでしまう」と答えます。

　同じように、ある種の犯罪者は、自分ではどうすることもできずに犯罪に走ってしまいます。その理由を聞かれれば、「どうすることもできない。自分よりも強い何かがそうさせるのだ」と答えます。

大酒飲みも犯罪者も真理を語っているのです。
「自分にはどうすることもできない」と想像しているという単純な理由によって、その通りになってしまうのです。

　このように、意志の力を誇り、好きなことをする自由があると信じている人間は、実は想像力に操られるだけの人形にすぎません。

　人は想像力を導く方法を学んだときのみ、操り人形でいることから解放されるのです。

3

自己暗示で
すべてが変わる

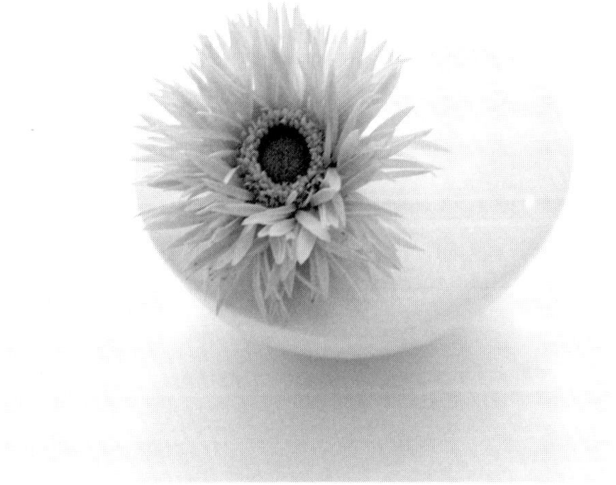

3 自己暗示ですべてが変わる

　これまでの話から、想像力を激流にたとえることもできます。

　激流は、岸につかまろうとする人をつぎつぎに呑み込みます。

　これにはとても太刀打ちできないように見えますが、コントロールする方法さえわかれば、流れを変えて工場に導き、動力、熱力、電力に変換することも可能です。

　このたとえで足りなければ、想像力を「鞍をつけることも御すこともできない、荒くれ馬」にたとえてもよいでしょう。

　御者は馬に行きたい所に行かせる以外なすすべがありません。馬が暴走すれば車輪は溝にはまるだけです。

　しかし、御者が馬に鞍をつけることに成功すれば、立場は逆転します。

　馬は好き勝手にできなくなり、御者は望むままに

馬を動かせます。

「無意識」あるいは「想像」の途方もない力を認めた上で、いままで制し難いと見られてきたこの力を、激流や荒馬と同じくらい、楽にコントロールする方法をお教えしましょう。

　しかし、その前に、正しく理解されずに使われている２つの語を、慎重に定義しなければなりません。「暗示」と「自己暗示」の２語です。

　暗示とは何でしょう。それは「ある考えを他人の脳に植えつける行為」と定義できるかもしれません。
　しかし、このような行為が本当に存在するでしょうか。
　正しく言えば、存在しません。

　暗示はそれだけでは存在することができないから

3 自己暗示ですべてが変わる

です。
　暗示を自己暗示に変えるための必要条件が相手になければ、暗示はあり得ません。

　自己暗示は「自分自身にある考えを植えつけること」と定義できます。

　誰かに暗示をかけるとします。
　その人の「無意識が暗示を受け入れなければ」、「その暗示によって自己暗示をかけることができなければ」、暗示は何の効果も生みません。

　私自身、一般的にかなり従順と思える患者に月並な暗示をかけて、不成功に終わったことが度々あります。
　それは患者の無意識が暗示の受け入れを拒否し、それを自己暗示に変えられなかったからです。

4

自己暗示で思い通りの人生を

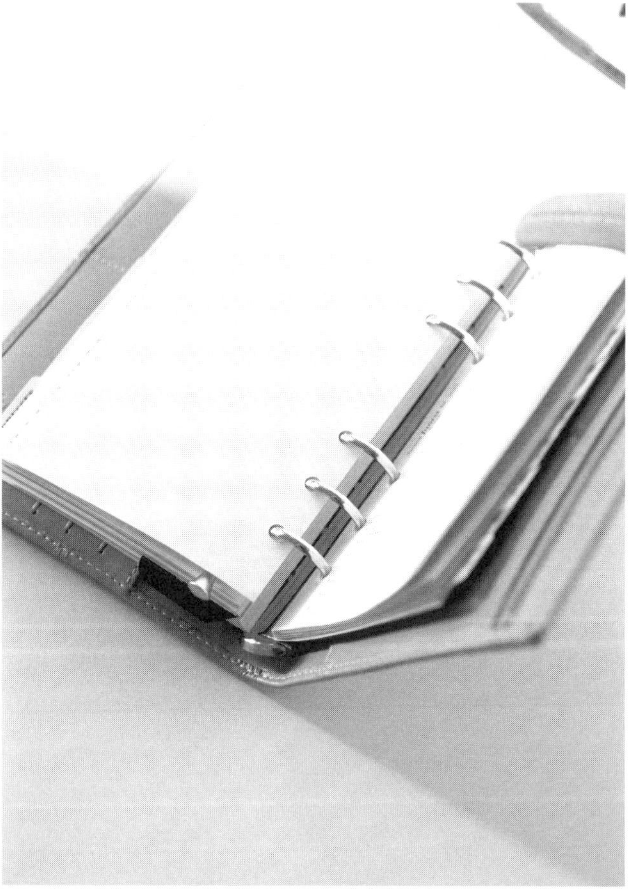

4 自己暗示で思い通りの人生を

　ここで、激流や荒馬に対するのと同じように、想像力をコントロールし、誘導できるという話に戻りましょう。

　まず、「それが可能である」ことを知らなければなりません。
　ほとんどの人はこの事実を知らずにいます。
　つぎに、どうすればできるかを知ることです。

　方法はきわめてシンプルです。
　それは人間が生まれたときから、まったく知らずに毎日無意識に使っているものですが、不幸なことに、それを正しく使わずに、だめになっていることが多いのです。
　それが「自己暗示」です。

　誰でもつねに無意識に自己暗示をかけているのですが、私たちがしなければならないのは、「意識的に

自己暗示をかける」ということです。
　そのプロセスはこうなります。

　まず、自己暗示をかける対象を注意深く心の内に決め、それを肯定するか否定するかの答えが出たならば、他のことはいっさい思わず、それだけを何度も繰り返すのです。

「これこれのものが来る」
「これこれのものは消える」
「これこれのことが起きる」
「これこれのことは起こらない」など。

　無意識がこの暗示を受け入れ、暗示を自己暗示に変えれば、対象となるものは細部まで現実化します。

　このように理解すると、自己暗示は催眠以外の何ものでもないことがわかります。

4 自己暗示で思い通りの人生を

　それを「**人の精神と肉体に働きかける想像力**」と簡潔に定義しましょう。この力は否定できません。
　さらに、2、3実例を挙げましょう。

　あなたは、
「これこれのことが可能であればこれこれのことができる」
と納得しさえすれば、どんな難しいことでもできるはずです。
　逆に、小さなことさえできないと想像するならば、現実にそれができなくなり、小さなことが大きなことに思えてきます。

　神経衰弱が良い例です。
　彼らはどんな些細なこともできないと信じているので、2、3歩歩いただけでも疲れてしまいます。
　神経衰弱の人は、そこから抜け出そうとすればするほど、ますます深みにはまります。

それは、砂地獄にはまった人が、這い出ようとすればするほど、ますます流砂に埋まってしまうのと同じです。

　同じように、「痛みが消えていく」と思うだけで、本当に痛みが少しずつ和らいできます。
　逆に、苦しいと思うだけで、痛みはすぐに顔を出し始めます。

　決まった日の決まった状況下でひどい頭痛になるという人を私は知っています。
　彼らは、その日のその条件下で、本当にひどい頭痛を覚えます。
　このような人は自ら病を呼び込んでいるのですが、同じように、意識的に自己暗示をかけることによって、病を癒すことが可能なのです。

　世間に馴染まぬ考えを堂々と持ち出せば狂人扱い

されることは、私も十分に承知しています。

そう思われることを覚悟の上で、精神的、肉体的病になると想像しているために、その通りの病気にかかる人々がいる、とあえて言いましょう。

原因となる障害がないのに麻痺を起こす人がいるとすれば、麻痺すると自分で想像しているからそうなるのです。

逆に言うと、この種の人は同時に最も目覚ましい治癒を起こせます。

幸せな人、不幸な人がいるとすれば、そうなると自分で想像しているからそうなるのです。

まったく同じ境遇にいる2人の人が、1人は幸せ一杯で、もう1人は不幸のどん底に陥ることもあり得ます。

神経衰弱、吃音(きつおん)、嫌忌、盗癖、ある種の麻痺症状

は、無意識の自己暗示によるものであり、体と心に無意識が作用した結果起きてきます。

 とはいえ、人間の無意識が多くの病の源であるなら、心身の病を治癒させるのも無意識です。
 無意識は自分で作りだした病を修復できるばかりか、正真正銘の病も治癒させることが可能です。
 無意識の体に及ぼす力はそれほど強いのです。

 ひとり部屋にこもり、安楽椅子に座って気が散らないように目を閉じ、2、3分、つぎの思いに心を集めてください。

「これこれのことが消えていく」
「これこれのことが現れる」

 本当に自己暗示をかけていれば、つまり、あなたの植えつける考えを無意識が吸収していれば、思っ

4 自己暗示で思い通りの人生を

たことが実現するのを見てあなたは驚くでしょう。

　自己暗示の思いは私たちの中に気づかずに存在していますが、生み出す結果でその存在がわかることに注意してください。

　しかし、特に——これが最も大切な点ですが——自己暗示をかけるときには、意志を差し挟んではなりません。
　想像と一致していなければ、
「**これこれのことを起こす**」と意志が言えば、
「**いくら望んでもそうならない**」と想像が言い、求めるものが得られないばかりか、正反対のことが起きてしまいます。

　これはとても大切なことであり、心の病を治療する際に、意志の再教育がなかなかうまくいかない理由でもあります。

私たちに必要なのは想像の訓練です。
　この些細な違いのおかげで、私の手法は他の人が失敗するところで、しばしば成功しています。

　20年間、毎日実験を積み重ね、慎重に調べてきたことから、私はつぎの結論を引き出し、法則化することができました。

①意志と想像がぶつかるときには、想像がつねに意志に勝つ。これに例外はない。

②意志と想像がぶつかるときには、想像の力は意志の2乗に値する。

③意志と想像が一致するときには、意志は負けるどころか、想像によって倍化される。

④想像は誘導できる。

「意志の2乗に値する」、「倍化される」の表現は厳密には正しくありません。意味を明確にするためのたとえです。

これまでの話からもわかるように、誰も病になる必要はありません。
それはまさしく真実です。

私の言うことがどれほど大胆で、信じ難く思われても、いかなる病も自己暗示に従い得るのです。
　病が「つねに従う」とは言いません。「従い得る」と言っています。2つは異なります。

　しかし、意識的自己暗示を行っていただくには、読み書きやピアノを習うのと同じように、その方法を習得する必要があります。

　自己暗示は、前にも申し上げましたが、人間が生まれつきもっている道具で、まるで赤ん坊がガラガラで遊ぶように、一生涯意識せずに使っている遊び道具です。
　しかし、分別なく無自覚に使えば、人を傷つけ、死に至らせることもあります。
　逆に、それを意識的に使う方法を心得ていれば、命を救ってくれる道具となります。
「最善のものは同時に世界最悪のものである」、とイ

4 自己暗示で思い通りの人生を

ソップは人間の舌を指して言いましたが、自己暗示にも同じことが当てはまります。

　これから、誰もが意識的自己暗示を使うことでいかに有益な結果を得られるかをお話ししましょう。「誰もが」という言葉にはやや誇張があります。
　意識的自己暗示をさせるのが難しい人が2種類います。

①言われたことを理解できない知的に未熟な人

②理解する気のない人

5

すぐに効果がでる自己暗示の方法

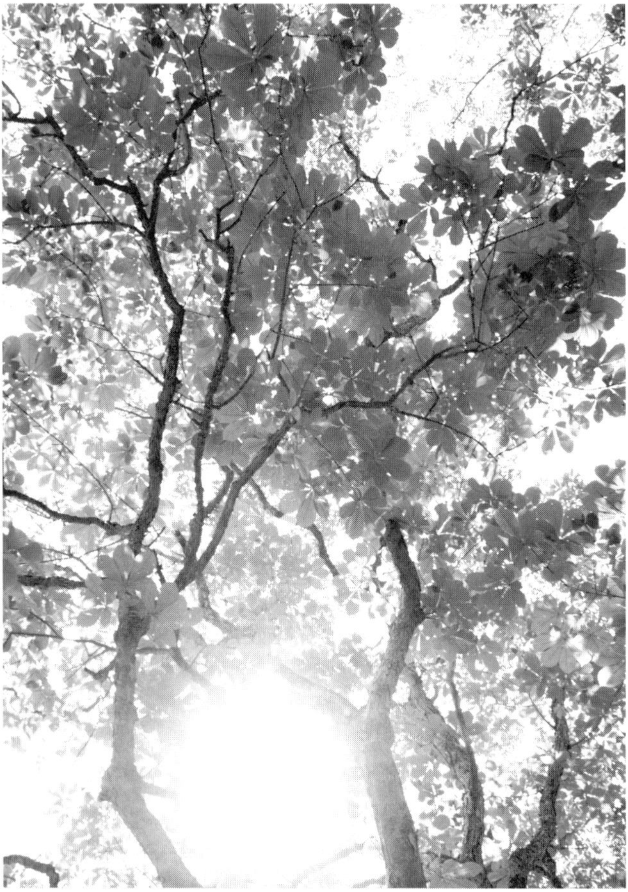

5 すぐに効果がでる自己暗示の方法

　自己暗示の原則はつぎのように要約できます。

①人は一度に２つのことを考えられない。これは２つの考えを心の中に並べることはできても、重ねることはできないという意味です。
②心に充満するどんな思いも、本人にとって現実となり、行動に変わる傾向がある。

　それで、病人に「ますます良くなる」と思わせることができれば、抱えている問題は消えます。盗癖のある人に「もう盗まなくなる」と思わせることができれば、盗まなくなるのです。
　この方法は、一見不可能に思えますが、実は極めて簡単です。ひと連なりになった段階的な実験で、意識的思いの初歩を被術者（患者）に教えれば十分です。
　実験はつぎのようになります。
　これに一字一句従うことで、前に述べた２種の例外的な人以外は、よい結果を必ず出せます。

実験1 ウォーミングアップ

　立って、体を鉄のように硬くするように被術者（患者）にいいます。

　左右の足は爪先からかかとまで固く合わせ、くるぶしは蝶 番のように柔らかく保ちます。

　被術者は板になり、蝶番を通して床とつながっていると説明します。

「どちらかの方向に板（あなた）を押せば、押された方向に無抵抗に倒れます」と意識させます。

「肩に触ってあなたを戻します。あなたはくるぶしを蝶番の支点にして、つまり足を床に固定したまま、無抵抗に私の腕に倒れてきます」

　肩に触れて相手をこちらに戻します。

　実験が成功しなければ、成功するまで、あるいはほぼ成功するまで、同じことを繰り返します。

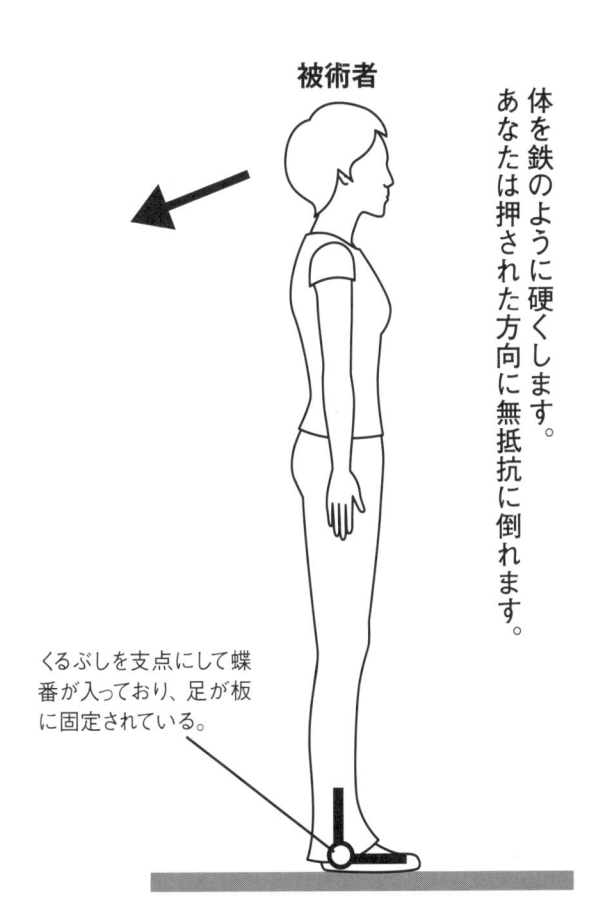

5 すぐに効果がでる自己暗示の方法

体を鉄のように硬くします。
あなたは押された方向に無抵抗に倒れます。

被術者

くるぶしを支点にして蝶番が入っており、足が板に固定されている。

実験2 体を後ろに倒す

　被術者に想像力の作用を理解させるためにつぎのように言います。
「〈私は後ろに倒れる。私は後ろに倒れる〉と心の中で唱えてください。
　それ以外のことは考えず、床に倒れるかどうかも、心配してはなりません。倒れたらケガをしまいかとか、故意に倒れて私を喜ばせようなどと思ってはいけません。ただ後ろに倒れる感じがしたなら、抵抗せずにその衝動に従ってください」

　つぎに相手の顔を上向きにして、目を閉じさせ、あなたの右の拳を被術者の首の後ろに、左手は被術者の額に当てて、「私は後ろに倒れる、後ろに倒れる、と思ってください」と言います。

5 すぐに効果がでる自己暗示の方法

左手をおでこに、右手の拳を首の後ろにあてる。

被術者

術者

「私は後ろに倒れる、私は後ろに倒れる」と心の中で唱えてください。

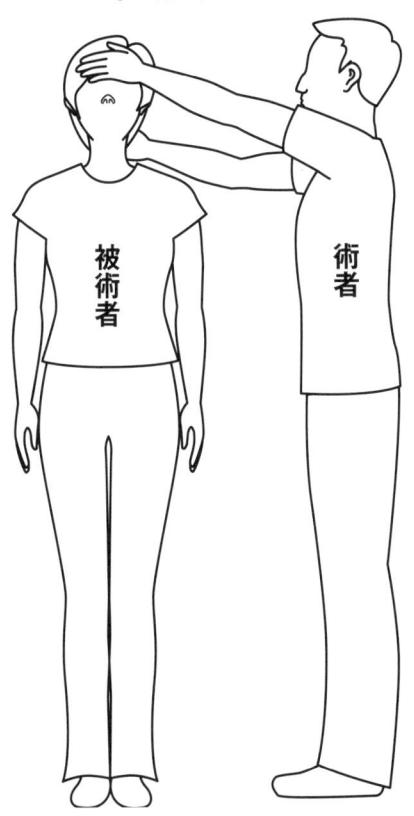

「あなたは後ろに倒れます」を「あなたは……後ろに……倒れ……ます」とゆっくり言葉を区切りながら言います。

　同時に、額に置いた左手を被術者の左こめかみ、耳の上へとスライドさせ、ゆっくりと右の拳を首筋から離します。

　被術者は軽く後方に揺れ始め、倒れまいとするか、完全に倒れます。

　倒れまいとしたときには、「あなたは抵抗しましたが、それは倒れると思ったからではなく、倒れたらケガをすると思ったからなのですよ」と説明します。

　これは事実です。そう思わなければ岩のように倒れたはずですから。

　強く従わせる命令口調で実験を繰り返します。

　完全に成功するか、成功に近づくまで、実験を繰り返します。

5 すぐに効果がでる自己暗示の方法

　術者は相手が倒れたときに共倒れしないように、左足を前に出し、右足を相手のすぐ後ろに置いて、やや後ろに立つべきです。
　この注意を守らないと、相手が大男だった場合、共倒れしてしまいます。

実験3 体を前に倒す

　被術者と向かい合います。被術者は実験1のときと同じように体を硬くし、くるぶしは柔らかくし、両足はそろえたままにしておきます。術者は被術者の両こめかみに軽く手を当て、鼻の付け根をまばたきせずに見つめながら、
　「あなたは前に倒れる、あなたは前に倒れる」と心の中で唱えるように被術者に言います。相手から目を離さずに、「あなたは……前に……向かって……倒れます。あなたは……前に……向かって……倒れます」とゆっくり言葉を区切りながら繰り返します。

5 すぐに効果がでる自己暗示の方法

両手の手のひらをこめかみに軽く当てる。

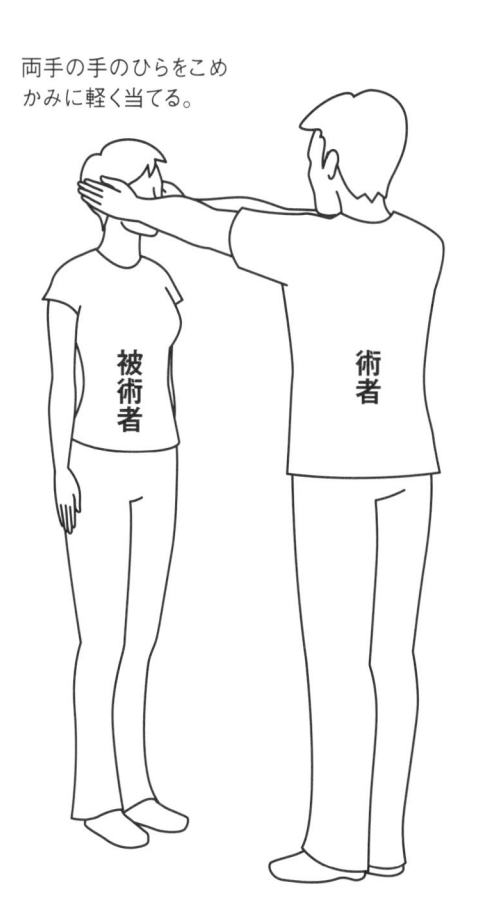

被術者

術者

「あなたは前に倒れる、あなたは前に倒れる」と心の中で唱えてください。

実験4 組んだ手をほどけない

　被術者に、両手をできる限り固く、指がやや震えてくるまで固く組ませます。

　実験3のときと同じように、相手を見つめながら、組んだ相手の手を自分の手の中にくるみ、搾るように力を入れます。

「この指はほどけません。これから3つ数えます。『3』を数えたら、『私にはできない、私にはできない』と唱えながら両手を離そうとしますが、離せません」と言います。

　つぎに、「1、2、3」とゆっくり数え、それぞれの言葉を切りながら、「あなた……には……できません」とすぐに付け加えます。

5 すぐに効果がでる自己暗示の方法

指が震えるくらい固く手を組む。

鼻のつけ根を見つめる。

被術者

術者

「私にはできない、私にはできない」と心の中で唱えながら両手を離してください。

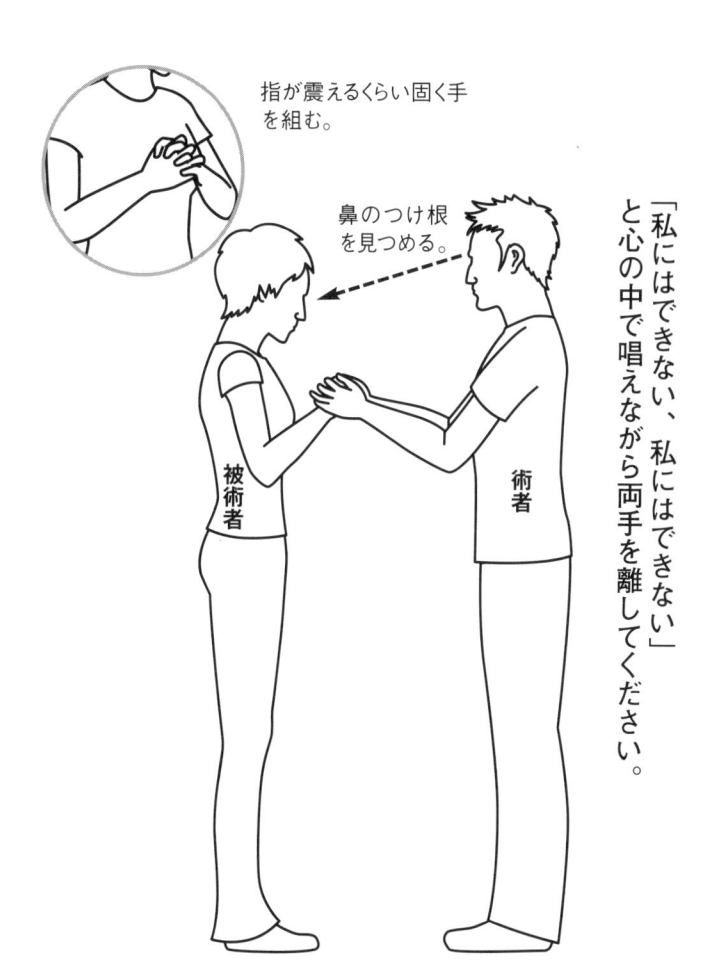

「できない」と被術者が本当に思っていれば、指をほどけないばかりか、ほどこうとすればするほど固まります。意に反して正反対のことが結果として現れるのです。

　少しして、「今度は『できる』と思ってください」と言えば、指は自然にほどけます。

　つねに術者は被術者の鼻の付け根から目を離さず、相手に一瞬たりともあなたから目を離さないように言います。

　相手が指をほどいたとしても、あなたは失敗したと思ってはなりません。
　相手が失敗したのです。「できない」と正しく思わなかったから起きたのです。
　それをよく納得させて、実験を繰り返します。

　つねに命令口調で話しかけます。声量を上げる必

5 すぐに効果がでる自己暗示の方法

要はありません。いつもの調子で淡々と促す言葉遣いで、それぞれの言葉を強調する方がより効果があります。

この実験がうまくいけば、他の実験もすべてうまくいきます。ここに述べた指示を一字一句実行することによって、すべてがスムーズに運びます。

かなり神経質な人もいますが、指や手足が固まりやすいので、このような人はすぐにわかります。

実験が2、3度うまくいけば、「こう思ってください」、「ああ思ってください」と言う必要はなくなります。

「手を握ってください。もう開けません」、「目を閉じましょう。もう開きません」、と暗示のプロのように淡々と誘導するだけで結構です。

相手はどんなに努力しても手も目も開けません。少しして、「もうできますよ」と言えば、すぐに開きます。

この実験は色々に変えられます。いくつか例を示しましょう。

○相手に両手を組ませて「接着されました」と暗示をかけます。
○片手を机の上に置かせて「手が机にくっついています」と言います。
○椅子に座らせておいて「椅子から立てません」と言います。
○一度立たせてから「歩けません」と暗示をかけます。
○机の上に鉛筆を置いて「重くて持ち上げられません」などと言います。

この実験では、現象を生み出すのは、いわゆる「暗示」ではなく、術者の暗示に誘発される「自己暗示」であることを繰り返しておきます。

6

心と体を癒やす暗示法

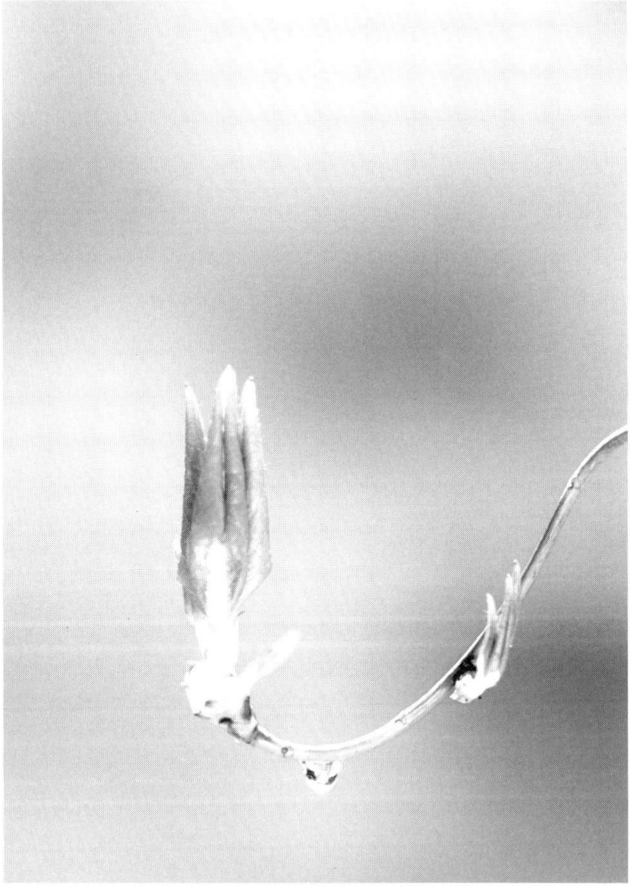

6 心と体を癒やす暗示法

　あなたがこれまでの実験を体験し、理解していれば、治療暗示を受け取る用意が整います。

　あなたは、いままでは作物の育たない荒れ地でしたが、いまは何でもよく育つ畑になっています。
　患者が肉体的、精神的にどんな病を抱えていようとも、つねに同じ手順で進めます。
　症状に応じて、多少バリエーションを加えながら、同じ文句を使います。

暗示の方法

腰を下ろし、目を閉じてください。

あなたを眠らせようとするわけではありません。その必要はまったくありません。周囲に気が散らないように目を閉じるだけです。

さあ、言葉の一つ一つが心の中に定着され、刷り込まれ、刻まれ、あなたの心を覆うように、自分に言い聞かせてください。

言葉の一つ一つが定着され、刷り込まれ、心を覆います。

あなたが知らなくても、意識しなくても、あなたのまったく知らないうちに、あなた自身と全身が従います。

6　心と体を癒やす暗示法

　まずはじめに、1日3回、朝、昼、晩の食事時に、毎回あなたはお腹がすいてきます。
「ああ、食べる物があるというのは何とありがたいことだろう」と思わず声に出すほど心地よい感じがします。

　あなたは食事を楽しみます。もちろん食べすぎることはありません。食べ物を口に入れて、飲み込む前によく噛みくだいて、粥状にします。
　このようにすれば、とてもよく消化できるようになり、胃にも腸にも、不快や不便、痛みをまったく感じません。
　食べたものを吸収し、体の各器官は、それを血液、筋肉、力、エネルギー、ひと言でいえば「生命力」に利用します。

　あなたは食べものを正しく消化していますから、排便の機能は正常になり、毎朝起きると、排便の必

要を感じます。薬その他に頼らずに、正常で満足のゆく排便ができます。

また、毎晩眠りたいと思うときから翌朝起きたいと思うときまで、悪い夢を見ずに、深く、静かに眠り、起きたときは、実に気持ちよく、ほがらかに、活発に感じます。

同じように、時々憂鬱に襲われ、暗くなり、不安になり、物事の暗い面ばかりを見るようなら、今後はそうしなくなります。

不安になったり、憂鬱になったり、暗い面ばかりを見る代わりに、申し分なく明るく感じるようになるでしょう。

特に理由はありません。あなたが理由なく暗くなるのと同じです。

また、不安になり、暗くなる理由があったとしても、あなたはそのような気持ちになりません。

あなたが短気で怒りっぽい人なら、そのようなこ

6 心と体を癒やす暗示法

ともなくなります。逆に、いつも忍耐強く、自分を制するようになるでしょう。

　いままであなたを悩ませ、イライラさせていたものは、すっかりなくなってしまいます。

　不健全な思い、不安、恐怖心、反感、誘惑、恨み などにつきまとわれているなら、あなたの想像によって、そうしたものは少しずつ消え、遠くの雲が散り散りになるように、最後には完全に消えてしまいます。

　また、あなたの全身の器官は正しく機能します。心臓は正常に鼓動し、血の巡りも正常になります。肺の機能も、胃、腸、肝臓、胆のう、腎臓、膀胱の機能も正常になります。

　いまの段階で、このどこかの器官に異常があっても、日毎に異常は少なくなり、まもなく完全に消え、器官は正常な機能を取り戻します。

どこかの器官に病変があれば、日毎によくなりまもなく完全に治癒します。
　治癒すべき器官を知る必要はありません。「私は毎日あらゆる面でますますよくなっている」という自己暗示の作用によって、無意識が自ら治すべき器官をピックアップします。

　また、つぎのように付け加えましょう。これはとても大切です。
　いままであなたに自信が欠けていたとすれば、誰の中にもあるこの計りしれない力に目覚めることによって、自己不信は少しずつ消えて、自信に置き換わります。
　自信をもつことは、誰にとっても、絶対に必要です。それがなければ人は何も遂げられません。
　それがあれば、望むどんなことも（もちろん理性の許す範囲で）、遂げることが可能です。
　ですから、あなたは自分に自信がもてるようにな

6 心と体を癒やす暗示法

り、この自信が——理にかなっているという条件付きで——望むどんなことも、すべきどんな義務も完全に遂げられるという確信をあなたに与えます。

　ですから、あなたが道理にかなったことをしたいとき、すべき義務があるときには、「それは簡単なのだ」とつねに思ってください。
「難しい」、「不可能」、「できない」、「太刀打ちできない」、「どうしようもない」などの言葉をあなたの辞書から消しましょう。
　そのような言葉はありません。正しくはこうです。
「簡単だ」、「私にはできる」。
「簡単だ」と思うことにより、他の人には難しく思えることが簡単になります。
　あなたは疲れず、速やかに、それを行えます。なぜなら、あなたは努力しないでできるからです。
　逆に、「難しい」、「不可能だ」と考えれば、そう考えることによって、それが現実化してしまいます。

以上の一般的な暗示が長くて子どもじみていると思うかもしれませんが、この暗示が何より必要なのです。これを基本にして、それぞれの症例に合わせて、言葉を付け加える必要が出てきます。
　暗示の終わりにつぎの言葉をかけます。

　あなたは、肉体的にも精神的にも、あらゆる面で、すばらしい健康を、いままで楽しんだ以上の健康を楽しむのです。いまから3つ数えます。『3』と言ったなら、目を開いて、いまいる受身の状態から抜け出してください。あなたは、ごく自然に目を開けます。眠気も疲れもまったく感じません。それどころか、強く、元気で、機敏で、活発で、生命力に溢れた感じがします。とても明るく、何事にも適応できると感じます。1、2、3。

「3」で、嬉しそうに、微笑みながら目を開きます。

滅多にないことですが、その場で心と体が治癒することもあります。気分が楽になり、ある程度時間が経過してから、痛みやうつ症状が消えます。

どのような場合でも、暗示を新しくし、暗示の言葉を区切る間隔を、それが不要になるまで——治癒が完全になるまで——延ばしていく必要があります。

大切なのは、「**あなたは自分を治療する道具をつねに持ち歩いていなければなりません**」。

あなたは朝起きてから、夜就寝する前に、目を閉じて、20の結び目を作った紐を手繰りながら、つぎの文句を単調に、20回、続けざまに唱えなければなりません。

> 私は毎日あらゆる面で
> ますますよくなっている

Tous les jours, a tous points de vues, je vais de mieux en mieux.
(トゥー レ ジュール ア トゥー ポワン ドゥ ヴュー ジュ ヴェ ドゥ ミュー ザン ミュー)

Day by day, in every way, I'm getting better and better.

6 心と体を癒やす暗示法

「あらゆる面で」の言葉を心の中で強調してください。それは心と体のあらゆる面にあてはまる言葉です。この一般的な暗示は特殊な暗示よりも効果的です。

　このように、暗示をかける人が果たす役割を理解するのは簡単です。
　暗示をかける人は命令を下す主人ではなく、健康への道を一歩一歩導く、友達、案内係です。
　暗示はすべて患者に役立つために与えられるので、患者の無意識はそれを吸収し、自己暗示に変えることしか望みません。
　これが行われると、心と体の治癒は速まります。

7

クーエ・メソッドの優れた面

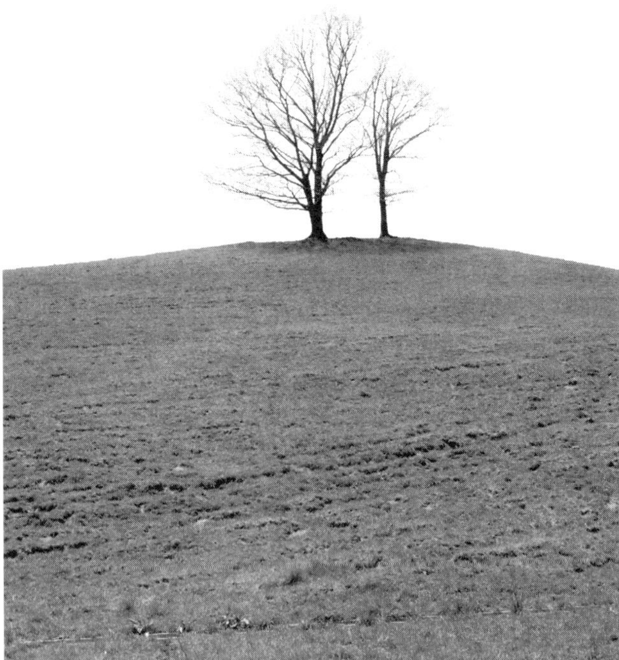

7 クーエ・メソッドの優れた面

　この手法は実に驚くべき効果を与えるものです。その理由は簡単に理解できるでしょう。

　先に示した２種類の人（53ページ参照）――幸いにもこの種の人は全体の３パーセントにすぎません――を除けば、私の手法に従えば失敗はありません。

　しかし、暗示を自己暗示に変えるために必要な説明と予備実験を踏むことなく、すぐに被術者を眠らせようとすれば、特別敏感な人でしか成功しないでしょう。
　このような人は稀です。誰でも訓練すれば敏感になりますが、私の勧める何分もかからない予備実験なしには、そうなる人はほとんどいません。

　以前の私は、催眠中にしか暗示をかけられないと思っていたので、つねに患者を眠らせようとしました。しかし、その必要がないことを知ったので、い

まはやめています。

　それは催眠誘導するときに、ほとんどの人が不安や不快感を経験し、無意識に抵抗するからです。

　しかし、「あなたは眠るのではありません。眠る必要はありません」と言えば、逆に信頼されます。

　相手は不安や危惧の念をもたずに、あなたの言葉を聞き、初回でなくともそれに近い時期に、単調な声の響きに心が安らぎ、深く眠り、目を覚ませば自分が眠っていたことに驚くでしょう。

　懐疑的な人がいるとすれば——きっといるはずですが——「私の家に来て、そこで行われていることを見れば、事実であると確信できます」とだけ言いましょう。

　私が述べた方法でしか自己暗示を起こせないと考

7 クーエ・メソッドの優れた面

えてはなりません。それを知らなくても、準備なしに暗示にかけることも可能です。

　たとえば、学位を持っていて権威のある医師が、「何もしてやれない。あなたは不治の病だ」と言うならば、患者の心の中に、悲惨な結果を生む自己暗示が作り出されます。

　しかし、「確かに深刻な病ではあるが、時間をかけて、忍耐強く治療に専念すれば、治ります」と言うならば、患者はしばしば驚くべき結果を出します。

　もう一つ例があります。医師が診察後に、何も言わずに処方箋を書き、患者に手渡すなら、その薬が効き目をあらわす機会はほとんどないでしょう。

　一方、「これこれの薬をこれこれの条件で飲めばこれこれの効果を生みます」と説明すれば、必ず効果

が現れます。

　私は医師や薬剤師を敵に回していません。それどころか、彼らのよき友人です。

　一方では、私の暗示の理論と実習が医科大学の科目に取り入れられ、病人と医師の双方に大きな利益になることを願っています。

　他方、患者が来るたびに、たとえ不必要に思えても、医師は薬を与えるべきだと私は考えています。

　患者はどんな薬が効くかを教えてもらいに医師を訪れるものです。彼らは衛生と養生が病を治すことを実感していませんし、ほとんどそれに注意を払いません。薬を求めているのです。

　医師が薬を渡さず、養生しか教えなければ、患者

7 クーエ・メソッドの優れた面

は失望し、せっかく来たのに何もしてもらえなかったと考え、他の医師に頼るものです。

それで、医師は特別な薬を、それも広く宣伝されている市販薬ではなく、できる限り自分でこしらえた薬を処方すべきです。

医師が自分でこしらえた薬は、処方箋なしにどこででも買える薬よりも、はるかに信頼されます。

8

自己暗示による治癒のメカニズム

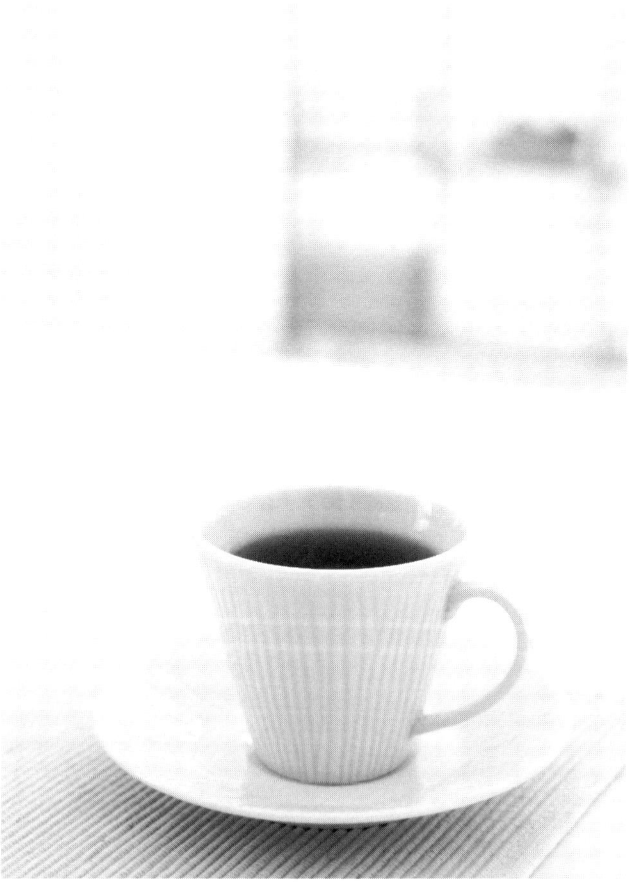

8 自己暗示による治癒のメカニズム

　暗示——より正確には自己暗示——の役割を正しく理解するには、無意識の自己が体の機能の総司令官であることを知る必要があります。

　前に述べたように、うまく働いていない器官が働かなければならないと無意識が信じるならば、その指令は即座に伝わります。
　器官は素直に指令に従い、ただちに（あるいは徐々に）正常に機能し始めます。

　このことは、暗示によって止血し、便秘を治し、繊維腫を消し、麻痺、結核、静脈瘤、潰瘍などを治療できる理由を説明するものです。

　トロアの歯科医M・ゴーテの治療室で私が観察した抜歯後の出血を例にとりましょう。

　ある日、8年来の喘息を暗示で治療した娘さんが

抜歯を希望しました。

　過敏な女性だったので、「手術しているのを感じないようにしましょうか」と私は提案しました。当然ながら、彼女は喜んで承諾し、医師と日取りを決めました。

　約束の日に歯科医を訪れると、私は患者の反対側に立ち、彼女をまっすぐ見ながら、「あなたは何も感じません。あなたは何も感じません……」と暗示をかけ、歯科医にゴーサインを送りました。

　その瞬間、女性は毛髪を一本も逆立てることなく、抜歯されました。

　それから、出血が起きました。どうなるか予想がつきませんでしたが、私は止血剤を使わずに暗示を試みたいと歯科医に申し出ました。

8 自己暗示による治癒のメカニズム

　私をしっかり見るように彼女に言い、「2分以内に出血が自然に止まります」と暗示をかけて待ちました。患者は1、2度血を吐いてから、静かになりました。

　口を開くように彼女に言い、歯科医と2人で中を覗くと、抜歯した部分に血が固まっているのが確認できました。

　この現象をどう説明したらよいでしょうか。実に簡単です。
　「出血が止まる」という思いに影響されて、無意識が毛細血管に血行を止める指令を送り、アドレナリンなどの止血剤で人為的に止血できるように、自然に血管が収縮したのです。

　繊維腫を消滅させる場合も同様です。無意識が「消える」という考えを受け入れると、繊維腫を育て

ている血管に、「収縮せよ」との指令が脳から伝わります。

　血管は指令に従って働かなくなります。こうして、栄養が行かなくなり、腫瘍は死んで干からび、再吸収されて、ついには消えてしまいます。

9

非行少年の治療法

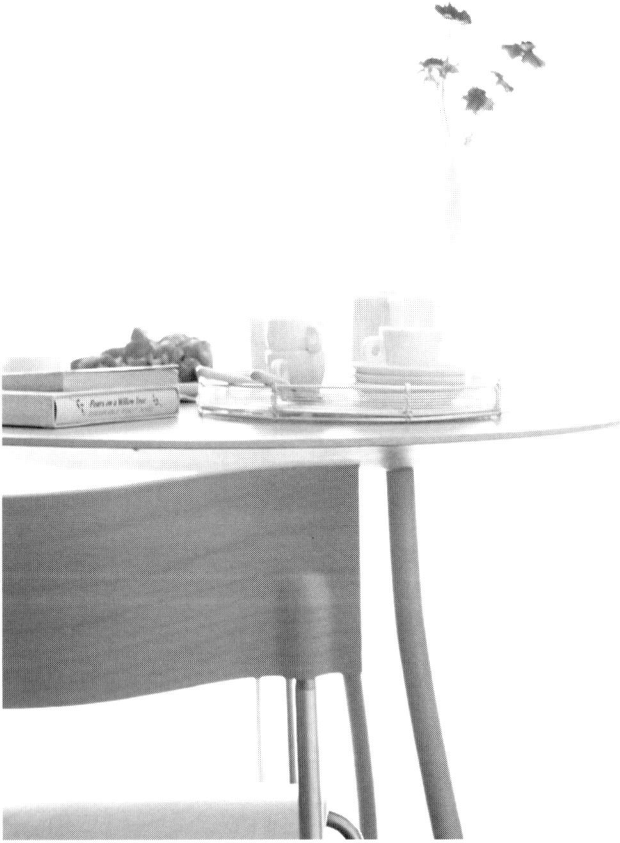

9 非行少年の治療法

　現代人に広くみられる神経性の病は、私が示した通りに暗示をかければ、治ってしまいます。他の方法では治らなかった実に多くの神経衰弱が、この方法で治癒しています。

　患者の一人は、ルクセンブルグの特殊施設で１カ月を過ごしましたが、治りませんでした。

　彼は暗示療法により６週間で完治し、以前は世界一不幸だと考えていたのに、いまは世界一幸せに感じています。

　同じ病を再発することもありません。彼には意識的自己暗示の使い方を伝授しましたが、それを実にうまく使いこなしています。

　しかし、暗示が精神的、肉体的疾患の治療に有効であるなら、施設を出て犯罪者の仲間入りをしてし

まう非行少年を更生させることができれば、さらに大きな社会貢献にならないでしょうか。

　不可能だと言わないでいただきたいのです。方法は存在します。私が証明できます。

　かなり特徴的な２つのケースをつぎにご覧にいれますが、その前に、話すべきことがあります。

　暗示が倫理的欠陥の治療にいかに役立つかを理解していただくため、比喩で説明しましょう。

　私たちの脳を釘の打ち込まれた板だと思ってください。釘はいわば本人の行動を決定する、思考、習慣、本能です。

　悪い釘（悪い考えや習慣、本能）が患者に入っていることがわかれば、その悪い釘の上から良い釘

9 非行少年の治療法

（良い考えや習慣、本能）を打ち込む、つまり暗示をかけるのです。

　新しい釘が少し打ち込まれると、その分だけ古い釘が板の下から出てきます。

　新たにハンマーで叩く（暗示をかける）たびに、良い釘はさらに打ち込まれ、その分悪い釘も下から出てきます。
　さらに何度か打ち込めば、古い釘は完全に抜け出て新しい釘と入れ替わります。この交換作業が終われば、本人もそれに従います。

　実例に移りましょう。
　トロア（訳注：フランス・パリ南東部）に住む11歳の少年Mは、幼児期からかかえている症状（夜尿症）に日夜悩まされていました。盗癖があり、いつも商店で問題を起こしていました。

母親の依頼によりこの子に暗示療法を試みました。初回で、昼間の症状はなくなりましたが、夜は相変わらずです。

　しかし、徐々に夜尿症の回数が減り、2、3カ月後についに完治しました。ときを同じくして、盗癖も少なくなり、半年後には完全に止みました。

　この子の18歳になる兄はもう一人の弟に強い憎しみを抱いていました。ワインを飲みすぎると、ナイフで弟を突き刺したくなる衝動に駆られ、そのうち行為に及ぶのではないかと悩んでいました。

　暗示療法の結果は驚くべきものでした。初回で治癒したのです。弟への憎しみは消え、二人は仲良しになりました。長年この家族を観察していますが、治癒は継続しています。

9 非行少年の治療法

　暗示でこのような結果が得られるのであれば、この手法を更生施設に導入すれば、どんなに有益でしょう。私はそれは不可欠であると考えるのです。

　暗示療法を毎日使えば、非行少年の5割以上が更生できると私は確信しています。不道徳な子どもたちを誠実な人間に造り変え、社会復帰させることができれば、どれほど大きな社会貢献になるでしょう。

　暗示は邪悪な目的に使える危険な代物であると反対する人もいるかもしれませんが、これはまったくの言いがかりです。

　第1に、暗示の行為は患者によって、誠意ある信頼できる人間（更生医等）に制限されます。第2に、悪い目的に使おうとする者は、誰の許可も得ません。
　仮に暗示に何かの危険性がある（ありませんが）としても、私たちは日常、危険でないものを使って

いるでしょうか。蒸気、火薬、鉄道、船、電気、自動車、航空機は安全でしょうか。

　われわれ医師や薬剤師が毎日微量に用いている薬という毒物は、さじ加減一つで患者を簡単に殺せるほど、危険な代物ではないでしょうか。

10

自己暗示による治癒例

10 自己暗示による治癒例

　治癒の事例を含めなければこの本は完成しません。

　私の扱った事例すべてを述べれば、あまりに長くなり、読者を退屈させるだけです。それで、もっとも顕著な例を紹介するにとどめましょう。

☆　☆　☆

　トロア（訳注：フランス・パリ南東部）のＤ嬢は、8年間喘息を患い、毎晩ベッドの上で辛い呼吸と戦っていました。

　予備実験で、かなり感じやすい体質であることがわかりました。すぐに眠りについたので、暗示をかけました。

　初回から素晴らしい改善が認められました。一度だけ喘息発作に邪魔されましたが、それも15分でおさまり、あとは熟睡できました。

　喘息はまもなく完全に終息し、以後再発していません。

☆　☆　☆

　M氏はトロア近郊サント・サビーヌのメリヤス店経営者です。

　彼は脊髄と骨盤の交差部に障害を起こし、2年間麻痺に苦しんでいました。麻痺は下半身のみに起き、その部分の血行は減少し、下肢は腫れて、充血し、変色していました。

　駆梅剤（訳注：当時の抗生物質に代わる薬品）を含むいくつかの治療を試しましたが治りません。

　予備実験はうまく運び、私の暗示と本人の自己暗示を8日間続けました。

　最後の日に、左脚にかすかな動きが起きました。

　暗示を新しくして、さらに8日間で快方に向かいました。さらに回復し、週を追うごとに腫れは引い

10 自己暗示による治癒例

ていきました。

11カ月後の1906年11月初めに、彼は一人で階下に降り、800メートル歩きました。

1907年7月に仕事場に戻り、それ以来、麻痺の兆しもなく仕事をしています。

☆　☆　☆

A・G氏はトロアに住み、腸炎を長年患っていました。

いろいろな治療を試しましたが効きません。憂鬱で陰気になり、引きこもり、自殺の衝動に駆られるなど、精神状態もかなり悪化していました。

予備実験を楽に終え、続いて暗示をかけると、その日から目覚ましい成果が現れました。

3カ月間、初めは毎日、徐々に間隔をおいて暗示をかけ、3カ月後に完治しました。腸炎はなくなり、

モラルは素晴らしく高まりました。
　彼が治癒したのは12年前で、以後再発の影さえ見えません。永続的治癒と見なせます。

　このA・G氏は、暗示（というより自己暗示）の引き起こす効果の顕著な例です。私は肉体面だけではなく、精神面にも暗示をかけましたが、彼はいずれかの暗示も素直に受け入れました。
　日々に自信が増し、元々腕の立つ職人だったので、さらに稼ごうと、自宅で仕事をするための機械がほしくなりました。

　少しして、ある工場主が彼の仕事ぶりをその目で確かめ、望む機械を彼に任せることになりました。

　彼は並の職人以上の仕事を上手にこなしたため、工場主はその結果に喜んで、つぎつぎに機械を彼に与えました。

10 自己暗示による治癒例

　A・G氏はいまでは6台の機械を使いこなして、高収入を得ています。

☆　☆　☆

　D夫人はトロア在住の30歳。肺病の末期でした。特別栄養食を摂取しても、日に日に痩せ衰え、咳や痰が止まらず、呼吸困難に陥っていました。事実、どう見ても、余命2、3カ月でした。

　予備実験では、極めて感じやすい体質であることが示されました。続く暗示ですぐに快方に向かい、翌日には症状が改善し始めました。

　彼女は日々に回復し、特別栄養食をやめても太り始めました。
　夫人は2、3カ月で完治しました。私がトロアを離れて8カ月後の、1911年1月1日に手紙を寄こさ

れ、「いまは妊娠していて申し分なく健康です」と書かれています。

治癒が永続することを示すため、時を遡って古いものを選びましたが、つぎに新しい事例を紹介します。

☆　☆　☆

X氏はリュネヴィルの郵便局員で、1910年1月にお子さんを一人亡くしてから、脳に障害を起こし、神経性の震えが止まらなくなりました。叔父が6月に彼を連れてきました。

予備実験に続き、暗示をかけました。彼は4日後に来て、震えが止まったと報告しました。私は暗示を新しくして、8日後にまた来るように言いました。

1週間、2週間、3週間、1カ月経っても、音沙汰がありませんでしたが、叔父が来て「完全に良くなったと甥から手紙をもらったばかりです」と言い

10 自己暗示による治癒例

ました。

　辞めざるを得なかった電報の仕事を再開できるようになり、昨日は難なく170文字を打ったというのです。彼は以後病を再発していません。

　　　　　☆　☆　☆

　Ｙ氏はナンシー（フランス・パリ東部）在住で、何年間か神経衰弱を患い、嫌忌(けんき)、恐怖、胃腸障害に苦しんでいました。なかなか眠れず、陰気で、自殺願望にも取りつかれていました。
　酩酊(めいてい)したようによろよろ歩き、病気のこと以外考えられません。

　どんな治療も効果がなく、体調は悪化するばかりです。この種の患者用の特別施設に１カ月いましたが、治りませんでした。
　Ｙ氏は1910年10月初めに来ました。予備実験は簡

単にすみ、私は自己暗示の原理と、誰の中にも意識と無意識が存在することを教え、必要な暗示を作ってあげました。

　彼は２、３日の間、私の説明を理解するのに苦労しましたが、間もなくひらめきとともにすべてを理解しました。

　私は暗示の文句を作り直し、彼も自分で毎日作るようになりました。

　回復は初めは緩慢でしたが、次第に勢いづき、１カ月半で彼は完治しました。

　最近まで世界一惨めだと思っていた男が、いまは一番の幸せ者に感じています。

☆　☆　☆

　Ｅ氏はトロア在住で、痛風を患い、右くるぶしが腫れて、あまりの痛さに歩くことができませんでした。

10 自己暗示による治癒例

　予備実験で、非常に感じやすい体質であることがわかりました。

　最初の治療で改善し、痛みが引いて、杖も車椅子もいらなくなりました。
　翌日、彼は約束通りに来ませんでしたが、代わりに妻が訪れ、「夫は朝起きるとすぐに靴を履き、自転車に乗って仕事に行きました」と話しました。

　私が驚いたのは言うまでもありません。この事例は追跡していません。患者が来院しないからです。しかし、少しして、彼が症状を再発していないことを確かめました。

☆　☆　☆

　T夫人（ナンシー在住）。神経衰弱、消化障害、胃炎、腸炎、体の各所の痛み。

彼女は何年か自己治療を試みましたが治りませんでした。

私の暗示に続いて、毎日自己暗示を使うようになりました。

初日から目立った改善が見られ、順調に回復しました。

いまは、精神、肉体ともに治癒して、養生にも従っていません。かすかに腸炎の感じもするが、はっきりしないと言っています。

☆　☆　☆

X夫人（T夫人の妹）。急性神経衰弱。毎月2週間動けず寝たきりになり、食欲不振、鬱、消化障害に苦しんでいました。この方は最初の訪問で治癒しました。以後、再発していないので、治癒は永続すると思われます。

10 自己暗示による治癒例

☆ ☆ ☆

H夫人（マクセヴィル在住）。全身に湿疹を発症し、特に左脚に深刻な症状が出ていました。両脚、特にくるぶしが腫れ上がり、痛くてなかなか歩けません。

しかし、私が暗示療法を行ったその晩から、疲れずに数百メートル歩けるようになりました。

翌日、両脚とくるぶしから腫れが引き、以来、腫れがまったく起きなくなり、湿疹は急速に消えています。

☆ ☆ ☆

F夫人（ラニューヴィル在住）。腎臓とひざの痛み。10年前に発症して、日々悪化の一途をたどっていました。

しかし、私の暗示と本人の自己暗示によりすぐに改善し始め、ますますよくなっています。治癒は急速に進み、いまも継続しています。

☆　☆　☆

Ｚ夫人（ナンシー在住）。1910年１月に肺のうっ血を起こし、２カ月間治らず、全身の消耗、食欲不振、消化障害、重い便秘、不眠、大量の寝汗に苦しんでいました。

最初の暗示でかなり回復し、２日後に「気分爽快です」と報告してきました。症状がすべて消え、体のすべての器官が正常に動くようになったのです。
　３、４回寝汗をかきましたが、そのたびに自己暗示をかけて防ぎました。以来、完全な健康を楽しんでいます。

10 自己暗示による治癒例

☆　☆　☆

　X氏（ベルフォール在住）。この男性は失声症が起きるので、10分か15分しか話すことができませんでした。

　いろいろな医師が彼を診察しましたが、発声器官に何の障害も認められません。医師の一人は、声帯が衰えていると言い、不治と結論しました。

　彼は休日をナンシーで過ごしていたので、知人の一人が私を紹介しました。

　彼は暗示の効果をまったく信じないため、初めは断りましたが、最後に来る気になりました。

　私は、ともかく暗示による治療を試み、2日後に来るように言いました。

　彼は約束の日に訪れ、「前の日は声を失わずに午後中話せた」と言いました。

その2日後に再び来て、「前の日は長時間話して、歌まで歌ったが、ぶり返さなかった」と言っていました。
　彼はいまも健康です。ずっとそうなると私は確信しています。

☆　☆　☆

　最後に、私の手法を使って親が子をしつける方法について、少しお話しましょう。

　親は子が寝静まるまで待たなければなりません。つぎに、静かに部屋に入り、ベッドから1メートルほど離れて、健康、勉強、睡眠、行動など、子どもに期待することすべてを15回から20回ささやきます。
　それから、子どもを起こさないように、そっと部屋を出ます。

10 自己暗示による治癒例

　極めて簡単なこの方法が最善の結果を出します。その理由は簡単です。
　子どもが眠っているときには、体と意識的自己は休んでいる、いわば消えていて、無意識の自己が目覚めています。

　親はこの無意識に話しかけているのです。

　無意識は極めて信じやすく、言われることを素直に受け入れますから、子どもは親の望むように、少しずつ自分を変えていくわけです。

結論

　ここからどんな結論が導き出せるでしょうか。

　結論は極めてシンプルです。

　計り知れない力が人間の中に存在する、それを無自覚に扱っていると有害になる場合が多いが、意識的に、賢明に導くならば、自分を支配し、肉体的、精神的病を免れ、他人をも助けられるばかりか、どんな境遇においても相対的に幸せに生きられるということです。

　最後に、正道から外れた人を倫理的に更生させるためにこれを応用すべきです。

11

あなたを導くクーエの教え

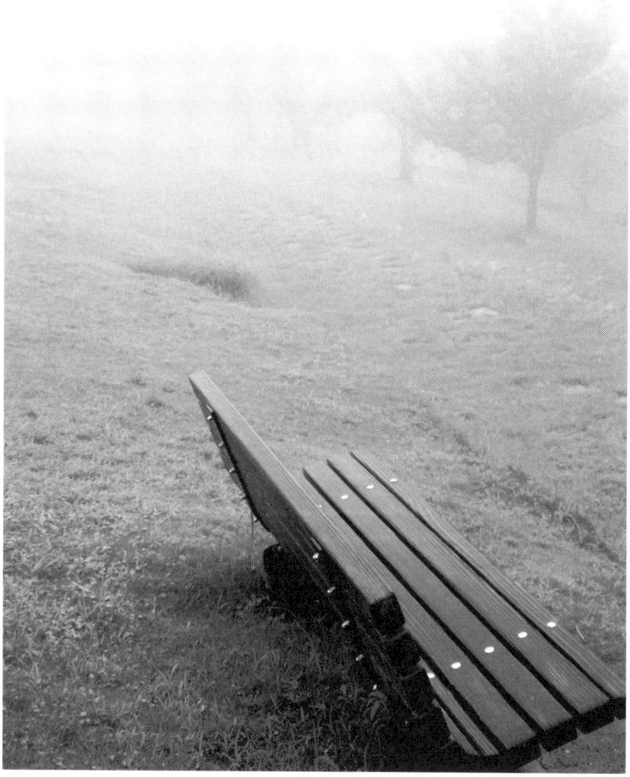

11 あなたを導くクーエの教え

エミール・クーエ、患者の疑問に答える

質問 願いを叶えるにはどうすればいいでしょうか。

回答 自分の願いを頻繁に繰り返し唱えることです。『私は安定しています』と言えばそうなります。『記憶が改善しています』と唱えれば本当にそうなります。『自分を完全に支配しています』と唱えればそうなります。逆のことを言えば、逆の結果になります。粘り強く唱えれば、それだけ早くかないます。もちろん、道理にかなう範囲で。

質問 身近な人を自己暗示で楽にしてあげるにはどうすればいいでしょうか。

回答　相手に講釈する必要はありません。望む結果を得る確信をもって自己暗示をかけなさいと私が助言していることを思い出させるだけで結構です。

質問　同じ文句を繰り返すことに結果を生む力があること、特に確実に結果を生むほど力がある理由を、どう人に説明したらいいでしょうか。

回答　同じ文句を繰り返せばそれを思わざるを得なくなります。それを思えば、それが自分にとって現実になり、現実化します。

質問　自己支配を内に保たせるにはどうすればいいでしょうか。

回答　自分の主人になるには『そうなっている』と思うだけで十分です。そう思うにはまったく努力せ

11 あなたを導くクーエの教え

ずにその文句を頻繁に繰り返すべきです。

質問　あなたの方法はほかの方法とどこが違うのですか。

回答　人を支配するのは意志ではなく想像であるという点です。それが根本、基本中の基本です。

質問　大事な仕事をしているＲ夫人にあなたの手法を要約していただけますか。

回答　簡単に言えばこうです。一般に教えられているのとは逆に、人を行動に駆り立てるのは、意志ではなく想像（無意識）です。意図する通りに行動できているなら、それは『できる』と思っているからです。そうでなければ、望むこととは反対の結果が出てしまいます。
　私たちは想像を導かなければなりません。こ

の方法で、肉体的、精神的に、簡単に自分の主人になれます。そのために、意識的自己暗示を行うのです。それは『心に思うどんな考えも、その人にとって現実になり、実現する傾向がある』という原理に基づいています。
ですから、あなたが何かを望むなら、『これこれのものが来る、これこれのことが消える』としばしば繰り返せば、遅かれ早かれそれが実現します。『私は毎日あらゆる面でよくなっている』という一般的な文句を朝晩唱えます。この言葉に必要なすべてが含まれています。

人生が豊かになるクーエの言葉

「病になると考えて時間を浪費してはなりません。本物の病にならなくても、自分で病を作り出してしまいます」

＊＊＊

「意識的自己暗示をかけるときには、シンプルに、自然に、確信を持ち、とりわけ、まったく努力せずに行いなさい。無意識の悪い自己暗示が頻繁に実現するなら、それは努力せずに行われているからです」

＊＊＊

「望むものを得ると確信するのです。そうすれば、

道理にかなっている限り、あなたはそれを得ます」

　＊＊＊

「自分自身の主人になるためにはそうなっていると思えば十分です。あなたの両手が震え、足がぐらつくならば、それが消えていると自分に言い聞かせるのです。そうすれば、少しずつ消えていきます。自信を持たなければならないのは、私ではなくあなたです。癒せる力はあなたの中にしかありません。私はその使い方を教えるだけです」

　＊＊＊

「自分の知らないことを議論してはなりません。愚かになるだけです。奇跡に思えるどんなことにも自然な原因があるのです。それが奇跡に見えるなら原因を知らないからに過ぎません。原因を知れば何事

も自然であることがわかります」

＊＊＊

「善きにつけ悪しきにつけ、どんな思いも具体化します。物質化し現実化するのです。自分が自分を作り出すのであり、境遇が作り出すのではありません」

＊＊＊

「成功するという思いで出発する人はつねに成功します。結果を出すのに必要なことをするからです。千に一つの機会が来ればそれをつかみ、恵まれた境遇を作り出します。逆に、自分を疑ってばかりいる人は何をやっても成功しません。千の機会に囲まれていてもそれを見ず、たった一つの機会もつかむことなく、恵まれない境遇を作り出します。運命を責めてはなりません。責めは自分にあります」

＊＊＊

「しなければならないことは簡単なのだとつねに思いましょう。この心理状態では必要なことにしか力を使いません。難しいと考えれば、10倍も20倍も要らぬ努力をします。それは浪費というものです」

　＊＊＊

「自己暗示は使い方を習うべき道具のようなものです。未熟な人が銃を持てばろくな結果が出ませんが、射撃の名手が持てば的を外しません」

　＊＊＊

「自己暗示で満足すべき結果が出ない人は、自信がないか、努力しているかです。

11 あなたを導くクーエの教え

　自己暗示を成功させるには、『努力なしに』行うことが絶対条件です。努力は意志を伴います。意志を除外し、もっぱら想像に頼らなければなりません」

　＊＊＊

「長年健康に気をつけているのにうまくいかない人が大勢います。彼らは自己暗示で直ちに治癒できると思い込んでいるのです。これは誤解であり、理にかなっていません。正常に行える（完治に向かって少しずつ変えていく）以上のことを暗示に期待しても無意味です」

　＊＊＊

「アリストテレスは書いています。『**体は鮮明な想像に従う。それが自然な流れである。想像はすべての感覚力を支配し、感覚力は心臓の鼓動を操り、すべ**

ての生命機能を動かし、かくて全身の働きが早く整う。とはいえ、想像をいくら鮮明にしても、手足その他の形を変えることはできない』

　私はアリストテレスの言葉に同意します。自己暗示で最も重要な原則の２つがそこに見られるからです。

　１　支配者としての想像の役割。
　２　自己暗示に期待できる結果は肉体のできる範囲に限られる」

　＊＊＊

「人は生まれてから死ぬまで暗示の奴隷です。運命は暗示で決まります。それは不注意でいれば人間を操り人形にしてしまうほど力ある独裁者です。この立場を逆転させ、暗示を訓練し望む方向に誘導することができるのです。それが自己暗示です。私たちは支配権を手中に収め、この最も驚異的な道具を操

るのです。自然と宇宙の法則に反しない限り、私たちに不可能なことはありません」

***

「潜在意識は何物も逃さない超敏感な感光板です。どんなささいな思いも行いも、ことごとく記録します。それ以上に、想像と霊感の源であり、発想を生み、意識的行動に具体化する不思議な力があります。喜怒哀楽、病、願望、ありとあらゆる感情の出所が潜在意識にあるとすれば、心の中に生まれるどんな思いも実現する傾向があると論理的に結論できます」

***

「心と体を分けることは不可能です。2つは頼り合っていて、実は1つです。とはいえ、心がつねに優勢です。体の働きは心に支配されています。それで、

私たちは、潜在意識の中で活動している思いに従って、健康や運命をよくも悪くもしているのです。いいかえれば、不滅の記録庫である潜在意識には自分の望むどんな思いも自由に植えつけることができるのです。それが私たちの物質的、精神的、倫理的存在のすべてを決定します」

＊＊＊

「自己暗示を使うときには、望むものを想像する最初の段階以外では、意志を決して介入させてはなりません。意図的努力は自己暗示に関する限り、きわめて有害で、決まって望みとは正反対の結果を出します。
『強靭な意志力の人』と呼ばれるシーザーやナポレオンなどの性格を分析すれば、どの人も豊かな想像力の持ち主だったことがわかります。ある発想が心に植えつけられ、執拗な暗示が彼らを行動に駆り立

11 あなたを導くクーエの教え

てたのです」

＊＊＊

「心を受け身の状態に置き、あれこれ分析するのをやめ、実現したいと願う思いや暗示を、活動してやまない潜在意識に植えつける。それが必要なすべてです。毎晩、気持ちよくベッドに就いたら、眠る間際に、低く、澄んだ、自分にだけ聞こえる程度の大きさの声で、つぎの文句を唱えます。『私は毎日あらゆる面でよくなっている』。20回以上、この文句を繰り返します。注意をそらさないように、唱える数を数えます。20の結び目を作った紐を手繰りながら唱えるのが最善です」

＊＊＊

「どんな病に対しても『私は毎日すべての面でよく

なっている』という一般的で漠然とした文句を私が使っているのを不思議に思う人もいるでしょう。無意識は細かいことを必要としないというのがその理由です。『すべての面でよくなっている』という一般的な暗示だけで、各種の器官は説得され、それぞれの機能を改善し始めるのです。私は長年の診察と実験の中でこれを確かめています。患者が解放されたいと願う特定の病ばかりか、忘れていた小さな故障まで治してしまうのを何度となく見ています」

12

よい子を育てる母親の自己暗示

逆だと思うかもしれませんが、幼児教育は子どもが生まれる前に始めるべきです。

　妊娠数週間の女性が生まれくる子どもに望む肉体的、倫理的な資質を心に描き、そのイメージを妊娠中ずっと保ち続けるならば、子どもは望む資質を持って生まれてきます。

　スパルタの女性は強い戦士に成長する勇敢な子どもばかりを生みました。祖国に英雄を生むことを最も願っていたからです。一方、アテネの女性は肉体的な特質よりも精神的資質に恵まれた聡明な子を生みました。

　こうして生まれた子どもはよい暗示をすすんで受け入れ、それを人生の流れに影響する自己暗示へと変える傾向があります。私たちの言動はすべて、実例や話の暗示から大部分起きてくる、自己暗示の所産にすぎないと知る必要があります。

　では、両親や教育に携わる人は、どうすれば悪い

12 よい子を育てる母親の自己暗示

自己暗示を避けて、良い自己暗示の影響を与えられるでしょう。

子どもに接するときは、つねに心穏やかに、優しくともきっぱりとした口調で話します。そうすれば、子どもも反抗心を起こさず、従順でいられます。

何よりも大切なのは、とげとげしくならないこと。子どもは憎しみを伴う冷酷な自己暗示にかかる恐れがあります。

子どもの前では誰の悪口も言わないように注意します。そんなつもりではなくても、子どもは悪影響を受け、本当の悲劇に繋がる場合があります。

物事の原因を知ろうとする気持ちや自然に対する愛を呼び覚ますことが大切です。できるだけおおらかに、優しく、はっきりと説明すれば、子どもは興

味を持ち始めます。子どもの質問には喜んで答えます。「うるさい」、「大人になればわかる」などと言ってはなりません。

「怠け者」、「役立たず」は禁句です。子どもはその欠点をもってしまいます。怠けたり作業をさぼるような子どもなら、ウソでもいいから、「すばらしい。いつも以上だ」と言いましょう。子どもは聞きなれないほめ言葉に有頂天になり、打って変わって良い仕事をするようになります。賢明に励ませば、本当に働き者になります。

　子どもの前では病気の話をしてはなりません。健康が正常であること、節度ある規則正しい生活で病気を避けられることを教えます。

　あれこれ心配し、暑い寒い、嵐だ雨だと言って、子どもの心を不安にさせてはなりません。人間はそ

12 よい子を育てる母親の自己暗示

うした変化を難なく耐えられるように造られているのですから、不満を言わずに耐えるべきです。

怪談話で恐怖心をあおると、子どもは後々まで臆病になる危険性があるので、ほどほどにしましょう。

自分の子どもを教育できない人は、信頼できる人を慎重に探す必要があります。子どもを愛するだけでは不充分です。教育者は子どもに望む資質を自らが持たなければなりません。

特に大切なのは労働の尊さを教えることです。仕事をすることで健康で満足感のある生活に導かれます。怠惰な生活は、退屈、神経衰弱、厭世感(えんせかん)を起こします。怠惰でいれば、情熱を満たせず、放蕩(ほうとう)や犯罪につながりやすくなります。

すべての人に礼儀正しく親切にするよう教えましょう。どんな生活レベルの人にも優しくし、老人を

敬い、心身に障害のある人を決してからかわないようにします。

　階級にかかわらず誰をも愛し、助けを必要としている人がいれば、いつでも手を差し伸べるように教えます。お金や時間を惜しまずに、自分のことより他の人を思うようにします。そうすることで内的に満たされる経験をします。エゴイスト、自己中心な人たちは、心の満足を求めても決して得られません。

　自信を育てることも大事です。何かにとりかかるときには、衝動的に始めるのではなく、行動する動機を明確にします。考えて行動すれば決意も出てきます。成功するという明確な考えで人生を始めるのです。このように考えれば必ず成功します。実現を静かに期待しつつ、実現に必要な準備を進めることができ、唯一のチャンスが巡ってくればそれを逃しません。

12 よい子を育てる母親の自己暗示

　両親や教師はたとえ話で諭すのが最善です。子どもは暗示にかかりやすいので、したいと思うことを見せてあげれば模倣します。

　心身ともに健康で素晴らしい雰囲気を醸成する方法があります。子どもが話せるようになったらすぐに、つぎの文句を朝晩20回ずつ繰り返し唱えさせるのです。

『私は毎日あらゆる面でますますよくなっている』

　また、つぎの提案に従えば、子どもの欠点を解消し、望ましい資質を目覚めさせることが可能です。

　毎晩、子どもが寝たら、起こさないように、静かに寝床から約1メートルの所まで近づきます。そこで、低い単調な声で、子どもにして欲しいことをささやくのです。

どの教師も、毎朝、生徒につぎの暗示をかけるとよいでしょう。目を閉じるように生徒に言ってから、つぎのように話し続けます。

「いつでも、すべての人に礼儀正しく、親切にします。両親や先生の指図(さしず)には、素直に従います。何を言われても、いままでのように面倒に思いません。自分の役に立つことなのですから、言われても怒らず感謝できます。

さらに、あなた方は勉強が大好きになります。授業で学ぶどんなことも、つねに楽しく思います。特に、いままで興味のなかったことが楽しめるようになります。

授業中は先生が話すことだけに完全に集中します。友達がふざけても気にせず、自分もふざけずに、先生の言葉に集中します。

12 よい子を育てる母親の自己暗示

 あなた方はとても賢いのですから、習ったことを簡単に理解し、楽に覚えます。学んだことは記憶にしまい、いつでも取り出せます。一人のときも、家にいるときも、勉強に集中できるので、つねに良い成績を取れます」

 いまからこれを実行すれば、私たちは肉体的にも、精神的にも、最高の子孫を育てることができるでしょう。

13

エミール・クーエ略伝

エミール・クーエは、1857年2月26日に、フランスのオーブ県トロアに生まれました。19歳でパリ薬科大学に入学。化学を修めて、25歳でトロアの薬局の代表取締役になりました。

　1884年にナンシーの著名園芸家の娘と結婚。妻の所属するナンシー催眠学校のリエボー博士を紹介され、催眠療法に関心を深めます。しかし、博士の方法には欠陥があり、クーエ自身は満たされませんでした。

　1896年に引退して友人に店を任せますが、うまくいかなかったため、1901年にふたたび経営の指揮を執ることになりました。
　リエボー博士の手法に満たされなかった彼は、アメリカの通信教育を受けて独自に催眠法の研究を重ねます。想像（イマジネーション）の力が意志に勝ることを発見し、「意識的自己暗示」の手法を開発し

たのがこの頃です。

　クーエは薬局に小さな診療室を構えて催眠療法を試みる中で、2つのことを発見します。

①完璧に催眠にかかる患者は1割にすぎない。

②薬品が薬効成分では説明できない効果を生む。

　彼は催眠を怖がり実験台になる人が少ないことと、治癒は必ずしも薬の成分によるのではなく、患者の心が起こすことを実感します。そして、催眠術は不要であると結論付け、覚醒中に患者に与える「意識的自己暗示」一本に切り替えました。これが驚くべき効果を発揮しました。

　1910年に、クーエはナンシーに移り住み、夫婦で無料のクリニックを提供する「ナンシー応用心理学研究所」を設立します。そこで、第一次世界大戦勃

発までの間に、年間15,000人の患者を治療したと記録されています。

クーエの名前を有名にしたのはフランスの著名心理学者シャルル・ボドワン博士でした。彼の講演と実験を目の当たりにして、自著『暗示と自己暗示』にクーエの仕事を取り上げたのです。

1912年に、ロンドンの名医モニア・ウィリアムズ博士が、クーエの手法の研究を志し、ナンシーに長期滞在することになりました。

ウィリアムズ博士は自分の不眠症が自己暗示だけで治ったために、薬物療法では治らない患者を救うためにナンシーを訪れたのでした。クーエに心酔した博士は、帰国後ロンドンに無償でクーエ療法を行うクリニックを開設して、大きな成功を収めました。

同じ年に、ウィリアムズ博士はクーエをロンドンに招きました。イギリスでのクーエの講演と実演は大反響を呼び、ロンドンに新たに設けられたクーエ研究所は、

毎年数千人の患者を扱うまでになりました。
「意識的自己暗示」は、治癒があまりに目覚ましく、「奇跡」とまで言われたために、新聞各紙に報道されるようになり、エミール・クーエの名は一夜にしてヨーロッパに知られることになります。

1922年10月23日に、パリにクーエ研究所が設立され、翌年のアメリカ訪問を機に、ニューヨークにも「全国クーエ研究所」が設立されました。

その後も毎年欧米での講演に招かれて、「意識的自己暗示」の有効性を広く訴えましたが、1925年にロンドンで体調を崩し、翌1926年7月2日に、70歳の生涯を閉じました。

クーエの意識的自己暗示の基本は、「私は毎日あらゆる面でますますよくなっている」を毎朝毎晩20回唱えることにあります。

このシンプルで効果の高い原則は、その後の信仰治療、欧米のメンタルサイエンス、自己実現の運動

に大きな影響を与えました。

　ノーマン・ヴィンセント・ピール、ロバート・シューラー、クレメント・ストーンなど多くの専門家が、クーエの手法を自己啓発の分野に積極的に利用しています。
　アファメーションや自己催眠など、いまのセルフヘルプ運動の大元がフランス人薬剤師で応用心理学者のエミール・クーエにたどれます。

13 エミール・クーエ略伝

Emile Coué 1857-1926年

【著者紹介】
エミール・クーエ〈Emile Coué〉
● ──1857-1926年 フランスのトロワ生まれ。クエイズムとも呼ばれる自己暗示法の創始者。パリで薬学を学んだ後、30年間トロワで薬剤師。ナンシーへ移り、自己暗示法による診断を開始。かたわらロレーヌ応用心理学会会長。ヨーロッパ、アメリカの各地で啓蒙に当たる。クーエ博士は、ポジティブ・シンキングの元祖ともいわれ、催眠術の研究や実験を行うなかで自己暗示による独自の精神療法(クーエ・メソッド)を開発、リウマチ、喘息、結核、がんにいたる広汎な患者を単純な暗示一つで完治させたことで世界的に有名になり、その後の暗示療法、自律訓練法の生みの親になる。

【監修者紹介】
林　泰〈はやし　やすし〉
● ──1943年生まれ。千葉大学医学部卒業。東京女子医大第二病院神経内科、社会福祉法人浴風会病院を経て1982年に内科、消化器科、循環器科を中心とする有楽橋クリニック、1987年に鐘ヶ淵クリニック、1989年には医療法人三喜会を開設。
日本神経学会認定医、日本医師会認定産業医、日本内科学会認定医、日本東洋医学会認定医。
著書に『気になる症状と検査』『薬の事典』(ナツメ社)ほか多数。

【訳者紹介】
林　陽〈はやし　よう〉
● ──千葉県生まれ。獨協大学外国語学部で英米文学を専攻。著作に『オーラで人生を変える』『大預言』『死後の世界』(中央アート出版)、『イエス・キリスト封印の聖書』(徳間書店)など。訳書に『チベット永遠の書』『契約の櫃』(徳間書店)、『引き寄せの法則』(KKベストセラーズ)、『引き寄せの法則　奥義篇』(徳間書店)ほか多数。

暗示で心と体を癒しなさい！　　　〈検印廃止〉

2009年2月16日　　第1刷発行
2023年9月1日　　第5刷発行

著　者── エミール・クーエ
訳　者── 林　　陽Ⓒ
発行者── 齊藤　龍男
発行所── 株式会社かんき出版

東京都千代田区麹町4-1-4西脇ビル　〒102-0083
電話　営業部：03(3262)8011(代)　総務部：03(3262)8015(代)
　　　編集部：03(3262)8012(代)
FAX　03(3234)4421　振替　00100-2-62304
https://www.kanki-pub.co.jp/

印刷所── ベクトル印刷株式会社

乱丁・落丁本は小社にてお取り替えいたします。
Ⓒ You Hayashi 2009 Printed in Japan
ISBN978-4-7612-6580-9 C0011